粗放式妈妈的妙招

[日] 立石美津子 著　阿部由美子 绘
龚莲娜 译

上海文化出版社

图书在版编目（CIP）数据

粗放式妈妈的妙招 /（日）立石美津子著 ；（日）阿部由美子绘 ； 龚莲娜译. -- 上海 ： 上海文化出版社, 2019.8
ISBN 978-7-5535-1665-3

Ⅰ. ①粗… Ⅱ. ①立… ②阿… ③龚… Ⅲ. ①儿童教育—家庭教育 Ⅳ. ①G782

中国版本图书馆CIP数据核字（2019）第135717号

出 版 人　姜逸青
责任编辑　任　战
责任监制　刘　学
版面设计　华　婵
封面设计　许洛熙

书　　名　粗放式妈妈的妙招
著　　者　［日］立石美津子
绘　　图　［日］阿部由美子
译　　者　龚莲娜
出　　版　上海世纪出版集团　上海文化出版社
地　　址　上海市绍兴路7号　200020
发　　行　上海文艺出版社发行中心
　　　　　上海市绍兴路50号　200020　www.ewen.co
印　　刷　苏州越洋印刷有限公司
开　　本　889×1194　1/32
印　　张　6
版　　次　2019年8月第一版　2019年8月第一次印刷
书　　号　ISBN 978-7-5535-1665-3/G.264
定　　价　39.80元

如发现本书有印装质量问题请联系印刷厂质量科　电话：0512-68180628

你该不会是这样育儿的吧？

拿自家孩子与别家孩子或兄弟姐妹作比较

好吃吧
啊呜啊呜大口吃饭
那孩子吃得真香，真让人省心啊……
“呸”地吐了出来
明明年龄一样大，那孩子已经会走路了……
那边有只狗
我家孩子还只会“汪汪”叫……
汪汪
这孩子的字已经写得这么端正了……

就算孩子本人不接受，依旧强迫他认错

“啪”
地抢走
别那么小气，你就借给他玩玩嘛！
哇哇
大哭
你说“对不起”了吗？你说“对不起”了吗？
还好还好
虽然孩子们本人并不接受
还好还好
借你了
对不起

用威胁的手段教育孩子

你要是不把玩具收拾好，就再也不给你买了！

你要是不乖乖把饭吃完，就没有甜点吃了！

饭桌上也训斥个不停

不许挑食！
全都给我吃了！
不许剩饭！
不许洒在外面！
不许用手！听到没，要用勺子！勺子！
拿筷子的方法不对！
真不想听啊……

像老和尚念经一样不停念叨
“好好做”“快点儿”

快点儿
好好做
快点儿
好好做
好好做
好好做
快点儿
好好做
快点儿

用诱饵“钓鱼”

你要是考试拿到满分，就给你买游戏
你要是乖乖把饭吃完，就给你吃甜品
你要是把房间收拾干净了，就去超市给你买点心

批评只是嘴上说说，
手上照样事事包办

自己吃饭！
傻傻发呆
收拾干净！
傻傻发呆
快穿袜子！
傻傻发呆
傻傻发呆
天啊！
哎，真是的，没时间啦！！
妈妈虽然一天到晚气鼓鼓的，
但是什么都会帮我做

前面这七个例子均属于“拼命三郎型”妈妈一不小心就容易犯下的错误。

不少妈妈都是不断追求理想的完美主义者，在养育孩子时过于努力，满脑子都是“我必须当个好妈妈”“我必须把孩子教育好”，心灵上受到“好妈妈压力”的束缚。

实际上我以前也是如此。可是，我发现这种做法只会让家长和孩子都不幸福，我摸索出的方法是“粗放式”育儿法。

需要注意的是，这里所谓的“粗放”并非敷衍之意，而是指放松自己绷得太紧的神经，做到适度。

虽然名为“粗放”，但本书中记载的育儿建议却十分精准。这是因为我想借此告诉大家：**“粗放指的是只要牢牢把握重点，细枝末节便不用纠结。我们不必成为完美的妈妈，也不必教育出完美的孩子。”**

大家就和书中的“粗放妈妈”一起，来学习不多不少刚刚好的育儿妙招吧！

目录

通过漫画和问答愉快学习

“粗放式”妈妈的育儿妙招

第5章 接受每个孩子原原本本的样子

第6章 所谓“教育”，就是当家长不在身边时，也要让孩子能够一个人生存下去

第7章 要想让孩子自己主动学习，平时要注意养成这些习惯

登场人物

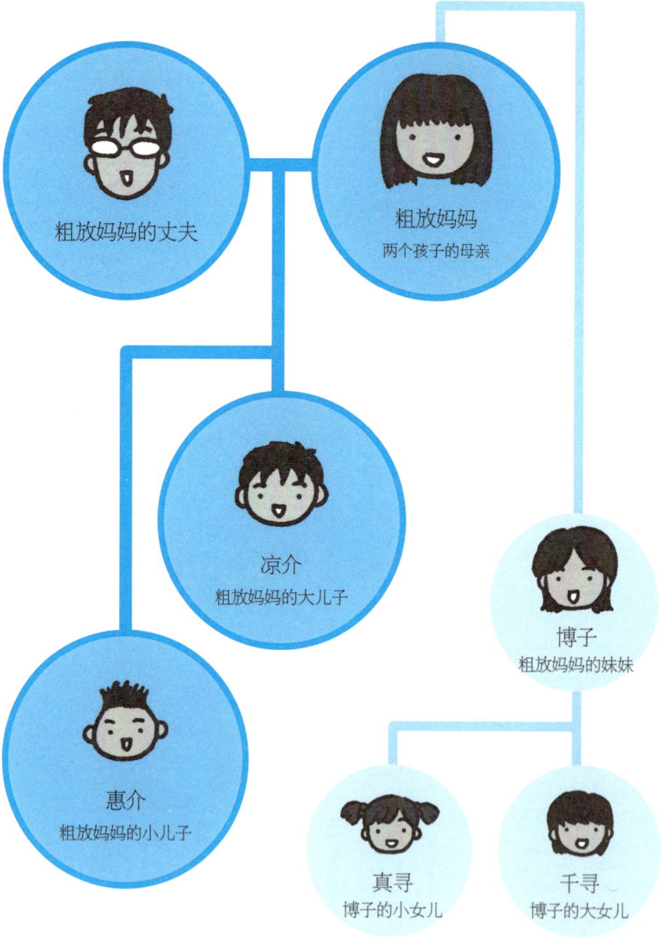

粗放妈妈的丈夫
粗放妈妈
两个孩子的母亲
凉介
粗放妈妈的大儿子
惠介
粗放妈妈的小儿子
博子
粗放妈妈的妹妹
真寻
博子的小女儿
千寻
博子的大女儿

第 1 章

不要唠唠叨叨地责备，这样说话才能让孩子心领神会

CASE 01

就算我对孩子说『好好做』，孩子也做不好

要是我们在饭店点了菜，但是过了很久菜也没上，这时就算对孩子说“菜一会儿就上了，你再忍耐一下”，饿着肚子的孩子也还是等不及。

大人可以依靠以往的经验推测时间，估算出“大概还要5分钟吧，大概还要10分钟吧”，但是孩子却做不到。因此，我们应该把具体需要等待的时间告诉孩子。

要是孩子坐秋千时不遵守顺序，道理也同样如此。如果只是用“再稍微等一下！”“好好遵守顺序！”之类笼统的说法来批评孩子，孩子也无法真正理解。

这时，我们应该使用孩子更容易理解的方式来说明，比如可以说“你是第三个”或者“你排在小明、小花的后面”。

在家长经常说的话里，孩子最无法理解的五个句子分别是“快点儿”“好好做”“认真点儿”“你给我适可而止”“礼貌点儿”。

这些指令都十分模糊，难以捉摸。

我们应该明确地告诉孩子应当怎么做

CASE

02

就算我严厉训斥孩子也没用

以前，公共厕所里总是贴着一张纸，上面写着："请勿弄脏！"

最近，地铁站的站内厕所里写的则是："感谢您常年维护厕所环境整洁。"

当受到他人感谢，而非被命令"请勿弄脏！"时，人自然而然会想："那我就维护一下厕所环境整洁吧。"教育孩子也是如此，我们不妨尝试以下说法：

× "不许弄得乱七八糟！" ➜ **"收拾一下吧。"**

× "不许剩饭！" ➜ **"全部吃完吧。"**

× "不许奔跑！" ➜ **"慢慢走。"**

× "不许大吵大闹！" ➜ **"说话轻一点儿。"**

× "店里的东西不许碰！" ➜ **"店里的东西我们用眼睛看看就好。"**

不要用否定的形式，而要用肯定的形式。只是稍微改变一下说法，孩子不就愿意付诸行动了吗？

我们应该使用合适的说法，让孩子更愿意付诸行动

CASE

03

就算我提醒了孩子，他也是一只耳朵进一只耳朵出

“一心二用族”指的是一边听广播、音乐，一边学习，或是一边看电视，一边吃饭……总之，就是习惯于同时做两件事情的人。

教育孩子时，如果我们同时洗盘子、叠衣服、玩手机，也就是说一边做别的事情一边批评孩子，效果就不会很好。

要是学前班的老师看都不看学生，而是一边翻阅手边的上课材料，一边提醒学生“坐姿要端正”，孩子们便不会乖乖坐正。

但是，如果老师在教室中央保持静止，不去摆弄别的东西，而是目不转睛地注视着学生们的眼睛说“坐姿要端正”，孩子们自然就会坐正。就算班里原本很闹腾，也会很快规矩起来。

我们应该暂且停下手上的事情，好好看着孩子的眼睛，告诉孩子：“现在要和你说一件要紧的事情——吃晚饭之前要把玩具都收拾好。听到了吗？”只有这样说，孩子才能真正理解我们的意思。

教育孩子时不要“一心二用”

CASE

04

不管我提醒多少遍，孩子依旧犯同样的错误

在学校上课时，老师会把重点写在黑板上。此外，人们也会把“勤洗手”等重要的事情写上海报,贴到墙上。

这是因为，**眼见比耳听更容易理解。语言一出口就消失了，相比之下，文字和插图可以长久保留，给人留下的印象更为深刻。**

面对脱了鞋就乱扔的孩子，与其一遍又一遍开口提醒他“把鞋子摆整齐”，不如用图画纸剪出鞋子的形状，牢牢贴在门口的地上。这样，就算我们不开口，孩子也会不由自主地把鞋子放在那里。此外，这样也能防止孩子把左右两只鞋子穿反，可谓一石二鸟。

教育孩子整理房间的时候也是如此，与其开口对他说“你要好好收拾干净”，不如把收拾整齐的房间的照片给他看，告诉他：“要收拾成照片上这样。”对于孩子来说，这样才更容易理解。

不过，孩子一旦养成了好习惯，我们就要把贴纸撕掉。如果一直贴着不管，贴纸就会与墙纸融为一体，逐渐无法引起孩子的注意了。

有时眼见比耳听更容易养成习惯

CASE

05

我总是忍不住威胁孩子：『你再不收拾干净，我就把你的玩具扔了。』

“你要是再不收拾，我就把你的玩具扔了！”

“你要是收拾不干净，就不给你吃晚饭了！”

“你要是不听妈妈的话，那你去别人家呀！”

这些说法都是在威胁孩子。一开始，孩子可能会感到害怕，因而乖乖听话。但是，你不会真的把花大价钱买来的玩具丢掉，也照样会好好做晚饭，更不会因为孩子不听话就把他送去别人家。反正，因为你肯定不会这么做，所以**这些威胁总有一天会露馅，再往后，孩子就不会把你说的话放在心上了。**

也有托儿所的保育员在教育3岁班的孩子时威胁道：“你要再这么做，就让你去宝宝班（0岁班）了。”

最初孩子可能会战栗不已、乖乖听话，但一旦知道保育员不会真的让自己去0岁班后，这一威胁也就失效了。

不要威胁孩子，只需要告诉孩子“收拾干净”就可以了。

不要用威胁的手段教育孩子

CASE

06

我不怎么明白『责备』和『批评』的区别

育儿书里经常写："不要责备孩子，而要批评孩子。"但是，这两者的差异实在是很难通过态度来表达清楚。

"责备"指的是直接将愤怒的心情表达出来。也就是说，只要能够平息自己心中的怒火，可以不顾这种做法会令对方有多么不愉快。简单来说就是乱发脾气。

而"批评"指的是为对方着想，将对方朝更为正确的方向引导。

但是，正因为对方是自己的孩子，出于作为家长的责任和对孩子的爱……各种感情混杂在一起，我们可能忍不住就会大吼："你在干什么！快给我停下来！"

比起思考责备和批评在语言上到底有什么区别，我们首先应该认识到教育是为了孩子好。

接下来，我们需要考虑的是我们要选择什么样的说法，才能让孩子接受。

关键在于，说出这些话到底是"为了孩子好"，还是"为了发泄家长自己的情绪"，在于语言背后到底有没有对孩子的爱。

关键在于这是不是"为了孩子好"

CASE

07

我总是一不小心就感情用事

虽然每天白天我们都会唠唠叨叨地责备孩子，但到了晚上，看到孩子天使一般的睡颜，我们又会自我反省：“唉，今天骂孩子又骂过头了。”

正因为我们是家长，正因为我们是为了孩子着想，面对孩子时才会如此感情用事。但是，当我们将情绪转变为语言时，必须十分谨慎。

“你怎么老是这样，真是个坏孩子！”“要是没有你，我就不会这么烦躁了！”诸如此类的说法完全称得上是言语虐待了。

怒气达到顶点的一瞬间，无情的话语可能会不断地在脑海中浮现。

这种时候，**请你深吸一口气，从1数到10，让自己冷静下来。**这样，怒气会从巅峰回落，心情会不可思议地平静下来，说出的话也变得柔和起来。

人自然会感情用事，我们要做的是掌握控制情绪的方法。

感情用事是很正常的事情，
我们应该学会刹住自己的情绪

CASE

08

批评孩子时，我总是一不小心就否定了孩子的人格

随着孩子不断成长，慢慢脱离家长的掌控，我们可能一不小心就脱口说出下面的话：

“你为什么要欺负弟弟！心眼太坏了！”

“你居然把蜡笔折断了，真是个坏孩子！”

只不过是兄弟姐妹之间打打闹闹，只不过是折断了几支蜡笔，就因此被否定了人格，孩子可能会认为：“我真是个坏孩子，真是差劲啊。”

我们不如换一种说法：

“打弟弟是不对的（所以妈妈深感遗憾）。”

“折断蜡笔是不对的（所以妈妈深感遗憾）。”

这样表达，就只是在否定孩子的行为，而不是否定孩子的人格。

不要用“你真是个坏孩子”这样以“你”为主语的说法，而**要用“你这样做了，所以妈妈很伤心”这样以“我”为主语的说法，如此便能让孩子意识到自己的所作所为是不对的。**

否定孩子的行为，而非否定孩子的人格

CASE

09

批评孩子时，我总是不自觉地借助自身之外的力量

要是孩子在电车里大吵大闹，仅凭自己的力量无论如何都无法让孩子安静下来，你是不是会脱口而出下面这样的话呢？

“在公交车上吵吵闹闹会被司机骂的！”

“回家我就告诉你爸爸！”

并不是因为会被别人批评才要在电车里保持安静，而是因为电车是公共场所，是大家都可以乘坐的公共交通工具，所以才不能吵吵闹闹。

要是我们总是借助他人的力量，对孩子说“听着！你这样会被骂的！”，孩子就会觉得：“妈妈自己不会批评我，所以才要拿别人出来说事儿。”如此这般，孩子就不会把我们说的话放在心上了。

此外，孩子还可能会认为“只要没被骂就可以吵吵闹闹”，甚至产生“只要电车里没有人，就可以吵吵闹闹”这样的误解。

家长应该用自己的话语严厉警告孩子：“如果不能保持安静，下次就请你自己走着去！”“下一站就下车吧！”

妈妈应该用妈妈自己的话来教育孩子

CASE

10

我总是忍不住动手

要是孩子不听话，你或许忍不住会有想要动手的冲动，但是请你停一下，这已经属于体罚了。

此外，也有人会采取大声责备这一做法，这虽然不会直接对孩子的身体造成伤害，但也已经属于言语虐待了。**身体受到的伤害可以治愈，心灵受到的伤害却会长久留存在孩子心中，难以散去。**

要是被家长打了或是大声责备了，孩子会战战兢兢、畏缩发怵，所以他们或许暂时会听家长的话，但如果因此就觉得孩子已经反省过了，那就大错特错了。孩子只是因为害怕而不敢违抗。

此外，孩子看到家长这种行为，或许会学到：如果想要驳倒对方，就可以使用谩骂或者暴力。孩子受到家长的呵斥，可能也会模仿家长，欺负处境比自己差、年龄比自己小的孩子或者小动物。此外，当孩子进入青春期，身高超过家长后，家长也有可能成为孩子施加暴力的对象。因此，不管怎么样，家长绝对不能谩骂孩子或者对孩子暴力相向。

不要用力量制服孩子，而是要让他们打心底理解

CASE

11

孩子稍微做到点儿什么，我就会给予他奖励，这也是不好的吗？

“你要是乖乖听话，待会儿就给你买果汁。”

这样的教育方式如同用诱饵钓鱼一般，就好比水族馆的海狮表演，海狮也是因为想吃小鱼才进行表演的。

比起“你要是不把玩具收拾好，就不给你吃点心了！”那种施加惩罚的方式，“你把玩具收拾好，就给你吃点心”这种给予奖励的方式多少好那么一点儿，但同样会让孩子养成没有点心就不肯收拾的坏习惯。

在专业术语中，这种为了强化某一行动而给予的奖励被称为“强化物”。表扬和鼓掌都属于强化物。学写汉字时，给孩子打五角星或是贴贴纸等做法也都属于强化物。

孩子一开始是为了得到五角星或者贴纸而行动，但慢慢地，就算没有这些措施，他们也能自己学习了。这种情况下，奖励就可以说是奏效了。

但是，**如果以点心等物品作为强化物，强化物也逐步升级的话，孩子就会养成没有诱饵就不肯学习的坏习惯。**孩子甚至可能自己跑来提要求：“这次给我买什么呢？”奖励要适度，这样才是明智的做法。

我们不应该用诱饵来“钓鱼”

CASE

12

一旦我表扬了孩子，孩子就认为被表扬是理所当然的了

如果过于频繁地表扬孩子，孩子就会觉得受到表扬是理所当然的，得不到表扬就不肯行动了。

正所谓“过犹不及”，表扬也要适度。

表扬同样需要注意方式方法。“你能自己收拾房间了呀，真是了不起！”“你把饭菜全都吃完了呀，真是听话！”这类说法的背后，便是“把房间弄得乱七八糟的是坏孩子”“剩饭的是坏孩子”，如此就成了附加条件的爱。这种附加条件可能会让孩子以“妈妈会如何评价自己”为基准来行动。我们不妨将说法改成下面这样：

“你把玩具收拾干净了，房间很整洁，真让人心情舒畅啊。”

“谢谢你一点儿不剩全都吃完了。做饭可费了我不少心思，你能全都吃完，我很开心。”

“你这么做真是帮了妈妈大忙了。”

人都有奉献意识，一旦得到别人的认同，就会感到自己的行动是有价值和意义的。这样，就算没有人在场，孩子也会自己主动捡起垃圾了。

比起表扬孩子，我们更应该认同孩子

好的

第 2 章

“吃饭”是妈妈们的头等烦恼

CASE

13

孩子挑食严重，令人困扰

你肯定也希望孩子不要挑食，什么都吃吧。

理想的状况自然是均衡地摄入蔬菜，绿色、红色、黄色的蔬菜都要吃！蛋白质不能只从动物摄取，也要从豆腐等食物中摄取！

但是，对于小孩子来说，每天的三餐都是与未知的相遇。

你不觉得第一个吃章鱼、海胆、海参的人很有勇气吗？

刚出生两三年的孩子也是如此。**面对不熟悉的食物，孩子们真的是每吃一口都要提心吊胆。**

反过来说，无论家长端来什么，有些孩子都能吃得下，他们或许十分有勇气，但也有可能是味觉迟钝。

就算不严格要求孩子不许挑食，等他们长大成人，迟早也会去尝试各种不同的食物。如果我们威胁孩子“你要是挑食就会长不大的！”，孩子听着威胁吃饭，吃饭这件事情本身就会变得不开心，反而会对他们造成不良影响。

尝试新的食物就是与未知的相遇

CASE 14

孩子饭量很小，怎样才能让孩子多吃点儿呢？

孩子明明已经说了“我吃饱了，吃不下了”，可家长还是命令孩子“多吃点儿，多吃点儿”，这对于孩子来说是非常痛苦的。就算是大人，如果我们肚子明明不饿，还被别人不停地劝着多吃，那也是非常令人苦恼的。

就像人会有高矮之分，手会有大小之别，眼睛会大小不一，每个人都有自己的特征，饭量自然也会有大有小。

孩子饿得哇哇大哭当然是非常可怜的，不给孩子饭吃是一种虐待，但是，孩子已经吃不下了还非要他继续吃，这或许也算是一种轻微的虐待吧。

如果孩子自己觉得饱了，不愿意再吃，那么对于这个孩子来说，这就是不多不少刚刚好的饭量。

就算只是个孩子，如果一边吃饭一边被家长批评“不许剩饭，再多吃点儿”，他同样也会感受到压力，或许会觉得胃部像针扎一样难受。这可能会形成心理阴影，对孩子的心灵造成不良的影响。

人各有异，饭量也不尽相同

CASE

15

孩子经常剩饭

在一个人的成长过程中，成就感至关重要。**只有曾经凭借努力获得成功，人才会涌起继续挑战的欲望。**

对于孩子来说，吃饭也是如此。要是家长的愿望过于强烈，想着“希望孩子至少能吃下这点儿饭”，给孩子端来他吃不下的量，只会使孩子因此产生挫败感。

好比“养乐多”，这种饮料正是因为瓶子小，一口气就能喝完，才会让人产生再喝一瓶的想法。在超市的试吃柜台，菜也都是用很小的杯子来装的，分量非常少，不正是因此才让你产生再吃一口的想法吗?

孩子吃饭的时候也是如此，我们不应该按照家长想让孩子吃下的饭量来盛饭，而是应该按照孩子自己的食欲来给他盛饭。

要是全部吃完了，孩子或许会很开心，想要再添一碗。

如果一开始就给孩子盛他吃不完的饭，只会让他剩饭，反而不如按照孩子自己的饭量给他盛饭，让他养成不剩饭的好习惯。让孩子自己盛饭也是一种可取的手段。

让孩子自己决定自己的饭量也是一种可取的手段

CASE

16

孩子吃饭时会把食物当作玩具来玩，令人困扰

① 竹轮是一种用鱼肉制成的筒状鱼卷。

如果孩子用手把米饭捏成团，或者用叉子和筷子戳来戳去，要么把勺子丢来丢去，也就是说开始把食物和餐具当作玩具来玩，我们就应该意识到这说明孩子“已经吃饱了，所以开始做实验了”。把食物当作玩具来玩是“不想吃了”“已经吃饱了”的标志。

当孩子开始玩闹时，我们应该说一句“好了我明白了，你已经吃饱了对吧”，然后迅速撤走食物。这样一来，孩子或许会自我反省：“这是因为我刚才的做法不符合餐桌礼仪吧……”

会把食物当作玩具来玩的时期只是漫长人生中的一小段。长大成人后，没有人会继续乱丢勺子，所以我们没有必要对孩子的行为过分在意。

比起这些，我们更该注意不要毫无节制地延长吃饭时间。比如外出去餐厅进餐，就算家长想要不紧不慢、悠悠闲闲地吃个饭，孩子却有忍耐的极限，所以他们会坐立不安，或是毫无目的地走动。

幼儿园和小学里的午餐时间大致控制在20分钟左右。让年龄小的孩子坐定30分钟以上实在有点儿强人所难。我们应该把吃饭的时间控制在符合孩子生理特点的范围内。

把食物当作玩具是“吃饱了”的标志

CASE

17

孩子不喜欢吃胡萝卜和青椒，就算混在喜欢的食物里也会被发现

家长希望孩子不要挑食，什么都吃，所以才把孩子最讨厌的胡萝卜切得很细，混在汉堡牛肉饼里。

家长原以为："孩子最喜欢吃汉堡牛肉饼了，就算把胡萝卜混在里面，他也不会发现的。"殊不知孩子精细的味觉可以分辨出口味的细微差别。甚至从今往后，每当他看到汉堡牛肉饼时，都可能会像搜索异物一般，满腹狐疑地食用……

我们不应该强迫孩子，而应该由家长亲自在孩子面前大吃特吃，告诉孩子："这很好吃！"孩子或许会觉得"妈妈好像吃得很香的样子，那我也尝尝看吧"，从而受到影响，跟着一起吃起来，这才是更好的做法。

过去，在动画片《大力水手》里，大力水手吃了菠菜罐头就会精神十足、身体强健，有很多孩子因为看到这一幕而变得愿意吃菠菜了，这也是一样的道理。

我们不应该欺骗孩子吃任何东西。此外，就算孩子不肯吃胡萝卜，通过南瓜、菠菜等食物也能摄取充足的营养，家长不必过分担心。

我们不该欺骗孩子

CASE

18

我总是和孩子错开时间吃饭

如果和孩子一起吃饭，妈妈可能会因为忙于照料孩子而手忙脚乱到连自己吃了什么都不清楚。

一会儿给孩子擦嘴，一会儿捡起掉在地上的食物，妈妈实在是没法静下心来好好吃饭。

因此，在很多家庭里，家长会和孩子错开时间吃饭。

但是孩子吃饭时，家长要是像警察一样紧盯着孩子，不停提醒他“不要用手抓！”“不要洒在外面！”“不许剩饭！”，那么孩子吃饭也吃不香。

有些孩子就算在家里会挑食，但在学校吃饭时，看到周围的小朋友在吃相同的食物，也就受到影响跟着一起吃了。同样，如果孩子看到家人都在吃一样的食物，往往也会跟着吃起来。

而且，如果大人能和孩子一起吃饭，就可以向孩子展示筷子和饭碗的正确拿法，向他示范各种餐桌礼仪。所以，请一定要和孩子一同坐在餐桌旁吃饭。

和孩子一起吃饭，给他们带来正面的影响

如果只有这点儿的话，
那我大概吃得完！

第 3 章

“外出的不安”也能借此解决！

CASE

19

每次去超市，孩子都会赖在地上吵着闹着说：『给我买点心嘛。』

带孩子一起购物和自己一个人去购物完全不同，真的非常累人。孩子可能会到处乱跑、乱摸商品，或者赖在地上吵着闹着要买点心。

如果你不想给孩子买点心，**最好在出门前和孩子约好：“今天只是去买做晚饭的菜，所以不会给你买点心的。”**即所谓的打预防针。

可是就算这样，当五光十色的点心出现在眼前时，孩子当然会想要去买。要是超市采取了专门的销售策略，给孩子准备了可爱的购物篮，或是在收银台前放置了点心，那就更难以招架了。

对于孩子强行扔进购物篮的点心，我们应该当场拒绝。可以这样拒绝孩子：“看上去是很诱人，你一定很想吃，但是今天我们已经说好了不买点心的。”

看到家长这种态度，孩子便会认清：“原来说不买是真的不买啊。”

要是孩子一撒娇，家长就让步：“那就只准买一件。”孩子便会知道只要耍耍脾气就能得偿所愿，下次开始说不定就会大哭特哭、吵着闹着要买点心了。

不要打破约定

CASE

20

只要一带孩子去公园，孩子就怎么都不肯回家

对于孩子来说，要他们暂停玩耍是非常痛苦的，所以他们自然会在公园里大吵大闹：“我还想再玩一会儿嘛！”

诚然，家长觉得孩子这一行为非常任性，但孩子反而也可能会觉得：“妈妈居然不让我再玩了，真是讨厌，凭什么大人说什么就是什么！”

这种时候，我们应该让孩子自己作出选择。

比如，我们可以限定时间，问孩子：“你还要玩几分钟？5分钟？还是10分钟？”或者“那就到4点半？”也可以让孩子自己决定次数，问他：“那你再滑两次滑梯就回家？还是再滑三次？”因为不是直接接收家长的命令，而是自己作出了选择，所以孩子也就乖乖遵守了。

即便如此，要是孩子依旧拖拖拉拉不肯回家，那就应该让他自己对这件事情负责。比如，因为在外面玩到很晚，所以回家之后就没有看电视的时间了，或者在家玩耍的时间就减少了。总之，**要让孩子体会到，有时候要达到目的就要有所牺牲。**

让孩子体会到“有得就有失”

CASE

21

孩子不愿意去医院，该怎么办才好？

要是孩子不愿意去医院，家长往往会在无意中威胁孩子：

“不打疫苗，你就会生病的！”

“不吃药的话，病是好不了的！”

这确实是事实，但孩子也的确会讨厌去医院打针吃药。这时，**我们不应该威胁孩子，而是应该告诉他们，只要克服了这个困难，就会有愉快的事情等着自己：**

“你打了针就能和朋友一起玩了。”

“你吃了药病就能好，就可以去幼儿园了。”

若是我们骗孩子说“我们这是要去超市买东西”或者“今天不打针”，然后强行带孩子去医院，孩子就不会再相信家长所说的话了。

如果在出门前提前告诉孩子“今天是要去打疫苗”，孩子就会做好心理准备。反正疫苗总归是要打的，我们还是应该老老实实把事实告诉孩子。

告诉孩子，讨厌的事情或许会带来开心的结果

CASE

22

如何教育孩子学会公共场所的礼仪？

有些女性会满不在乎地在电车里化妆，似乎完全不会因为让别人看到“制造”自己长相的过程而感到不好意思。也有些年轻人，并不是长途旅行，只是稍微坐一小会儿电车，却在车内吃起了面包或者饭团，这也让人有点儿不好意思呢。

应该从小教给孩子公共场所的礼仪。要是孩子一在电车里吵吵闹闹，我们就给他吃点心来安抚，孩子就会觉得电车里是可以吃东西的。

有些妈妈给孩子吃了点心，食物的碎屑掉在座位上和地上，却视若无睹地下了车。也有些妈妈会因为厕所人太多，就在家庭餐厅的包厢里给孩子换尿布。如果家长自己那么做，就无法让孩子学会公共场所的礼仪。

都说“孩子是家长的一面镜子”。孩子会观察大人的行为，认真程度甚至远超家长的想象。

比起批评孩子“吃饭的时候不要站起来走来走去！不要边吃边玩！”，家长更应该以身作则，不要在吃饭的时候站起来，也不要玩手机，这样或许才是捷径。

孩子是看着家长的所作所为成长起来的

CASE

23

孩子只肯穿自己喜欢的那一件衣服

有些孩子会每天都只肯穿自己喜欢的那一件衣服，也有些孩子会死守已经破破烂烂的毛巾和毛绒玩具。这是因为这样做能让他们觉得安心。

此外，有时孩子对服装搭配很有自己的想法，就算有些衣服在家长看来品位很差，但孩子自己就是特别想这么穿。

这种时候，我们应该把这一行为理解为“这孩子很有主见啊”。特别是如果孩子正处于第一反抗期最激烈的时期，可能会故意唱反调。如果家长问他“你泡澡吗？”，他会回答“不要”；但是如果问他“那你是不泡澡了吗？”，他又会回答“谁说不泡了”。

孩子讨厌的是被家长命令“今天就穿这件了！”这件事情本身。我们可以准备三四套挑不出毛病的衣服，让孩子自己选择。采取这种形式后，因为是孩子自己作出的选择，而不是家长的命令，孩子或许会乖乖地穿上合适的衣服。

让孩子自己作选择时，我们应该提前准备几套衣服，要做到仪表整洁，适合当时的TPO[①]，不要让周围人觉得不舒服，并且要适合当下的气温，不要让孩子感冒。

让孩子自己作出选择

① 指时间（Time）、地点（Position）、场合（Occasion）。

“唰”地丢进去

第 4 章

你是否也为“好妈妈压力”而苦恼？

CASE

24

『我必须当个好妈妈』是一种压力

要是从小就被家长教育“你要当个好孩子啊”，这样的人自己成为家长后，就会自行提高难度，强求自己成为完美的母亲。

更有甚者，在面对孩子时，有些人会在不知不觉中重现自己父母的育儿方式。**他们会想着：“我必须把孩子教育好。”“我必须把孩子培养成走到哪儿都不会丢脸的人。”要求自己的孩子也做到完美，因而形成恶性循环。**

但是，如果这样育儿，孩子便会和家长一样被逼进死胡同，无法容许任何失败和挫折，无法接受原本的自己。

杯子里有半杯水时，既有人会觉得“还有一半”，也有人会觉得“只剩一半”。有人会因为自己在考试中得了70分而唉声叹气，也有人会为了自己居然拿到了70分而欢呼雀跃。幸福与否取决于我们看待问题的心境。

在育儿过程中追求完美，不仅是孩子，妈妈自己也会非常苦恼。我们不该一味想着“必须这样”“必须那样”，而应该接受孩子原原本本的样子。

斩断恶性循环

CASE

25

世上的妈妈都做得到，只有我做不到，是我不行吗？

不使用真空包装的食品，也不使用现成的副食品，从调味的高汤开始，饭菜全部由自己亲手烹饪；孩子的衣服和配饰一律自己手工制作；每天要写育儿日记；每天至少要给孩子念三本绘本……设定这样的目标后，我们最初或许充满干劲儿，全部完成，但也很有可能三天打鱼两天晒网。

更可怕的是，要是自己费了一番功夫做出的菜肴没被吃完，我们可能会叹气："这明明是我费了那么大劲儿才做出来的。"亲手制作的衣服要是沾上了马克笔的印子，我们可能会批评孩子："这明明是我辛辛苦苦给你做的。"写育儿日记时，要是孩子缠着自己不放，我们可能会嫌烦："妈妈现在正在写东西，你去那边待着吧。"给孩子念绘本时，孩子要是没仔细听，我们也可能会责备孩子："你给我好好听着！"这样的话，可谓是本末倒置了。

没能完成既定目标，有时或许意味着目标超出了我们自己的能力范围。你可以试着给自己降低一点儿难度，比如做饭时可以偶尔借助一下现成的副食品和真空包装食品，育儿日记只在有特别事项的时候才写，每天也只给孩子读一本绘本。重要的是要能在不过分勉强自己的情况下长久地坚持下去。

敢于及时放弃难度过大的目标

CASE

26

我不擅长做饭，更做不好卡通人物形象的便当

米饭捏成了兔子的形状，耳朵是火腿，眼睛是梅干，嘴是芝士薄片，再用炒卷心菜来代表青草。可是尝一尝便知道，与可爱的外表完全不同，各种食物本身不相配，在嘴里混合到一起后并不好吃……这种事情也时有发生。

卡通人物形象的便当在打开的一瞬间令人感动，但刚开吃还没几秒钟，就已经变得乱七八糟，成为拌饭便当……这样的事情同样时有发生。或许，还是简简单单的便当更好吃。

很多时候，家长只是以制作卡通人物形象的便当为乐趣，陷入自我满足之中。其实，**比起打开盖子时感受到的冲击力，更重要的是能否让孩子吃得香，坚持吃完。**

学校统一提供的伙食无法顾及每个孩子的嗜好，而是直截了当地端上拌菜或简单的煮菜。要是孩子从小吃惯处理得过于精细、方便食用的食物，到了不得不吃学校午餐的时候，就可能不适应。

饭菜最重要的是好吃

CASE 27

孩子受到夸奖时，我该怎么回应才不会被认为是过分溺爱孩子？

要是被人夸奖“你这个包真不错啊”，即使是咬咬牙才买下的高档货，你是否也会脱口而出：“没有啦没有啦，这就是个便宜货而已。”

在育儿过程中，也会出现这样的对话。要是自家孩子被人夸奖“真是个乖孩子啊”，我们可能也会脱口而出：“不不，这孩子在家可调皮了，真让人伤脑筋啊。”

但是，对方可能会觉得：“明明难得夸奖你家孩子一次……”孩子也会因此觉得自己受到了否定。虽说如此，但要是回答“就是这样，我家的孩子可乖了”，又不免会在背后被人议论：“这人也太宠自己的孩子了。”

这种时候，我们应该坦率地回答：“你能这么说，我很高兴。谢谢你。”

在成人的对话中，谦虚和社交辞令起到了润滑剂的作用，在某种程度上是必不可少的，但是在孩子面前还是免了吧。孩子会把家长的话当真，想着“我真是差劲啊”，真心实意为此感到悲伤。

有些时候，我们应该暂且舍弃谦虚这一美德

CASE

28

看到其他妈妈在朋友圈发了出游的照片，我总是很失落

其他妈妈可能会在朋友圈或者博客上传精心制作的晚餐或者去大热景点游玩的照片。看到这些，你是否曾经羡慕别人充实的生活，责备自己什么都没做好？

但是，请不要被这个世界捉弄于股掌之间。**以朋友圈为首，社交媒体本就是炫耀自己幸福生活的工具。**毕竟很少有人在社交媒体上发消息说：“今天我没有带孩子去任何地方，就这么家里蹲了一整天。”

那些上传了幸福满满的照片的人，其实可能因为迪士尼乐园到处是人，几乎没能坐上什么游乐设施，回到家就大喊“累死我了”，一伸腿就躺倒了。

其实，周末就算不出远门，只是在附近的公园里尽情玩耍，或者和妈妈一起去超市买食材做点心，孩子也能心满意足。我们不应该看到周围人炫耀自己的幸福，就被耍得团团转。

不要被炫耀幸福的社交媒体耍得团团转

CASE

29

和其他妈妈的交往让我倍感压力

所谓妈妈之间的交往是通过孩子建立的，并非自己主动挑选的朋友。

就只是因为各自的孩子正好在同一所幼儿园或学校上学，或者是住在同一栋楼，或者仅仅因为年龄相近，就有了来往，其中自然也会有不合脾气的人。

此时，**要是我们强求自己成为一个“和谁都处得来”的八面玲珑之人，就会倍感压力。**

和价值观不合的妈妈们强行相处，可能会出现下面这样的情况：

有些妈妈看到自己的孩子穿着鞋就爬上餐厅或者电车的椅子，却依旧一言不发。就算我们想要教育自家的孩子，说“这样很不礼貌！座位是大家都要坐的，把鞋脱了！”面前有这么一位一言不发的妈妈，也就没法警告自家孩子了。

遇上实在合不来的人，就不要请她上门做客了。保持一定的距离，只是打打招呼，说声“早上好”“你好”，双方都会比较轻松。

所谓妈妈之间的交往，归根结底不过是通过孩子才建立起来的人际关系

CASE

30

我无法永远保持积极的思考方式，也无法永远保持微笑

书店的育儿类书架上，可能会有书上写着：“妈妈是我家的太阳，永远保持着微笑。”

但或许有人看到这样的内容会倍感失落，想着：“要一直保持微笑，对我来说实在是太难了。”

也有人不仅仅停留在自我反省的阶段，甚至还会去阅读写着“正面看待”“积极思考”“向前看”等内容的自我启发类书籍，或者接二连三地参加此类讨论会。

请不要这么苛求自己，把自己逼进死胡同。**不妨接受那个“会消极看待问题的自己”，试着去想想“这样的自己也没什么不好的嘛”**。你应该试着放下肩上的重担。

面对孩子时也是如此。就算孩子遭遇了失败，也请允许他为此懊悔，为此哭泣，允许他直率地将情绪表达出来。

就算身为母亲，也是有情绪的正常人

CASE

31

我必须做到为母则刚吗？

周围的人可能会鼓励你：“你是做妈妈的，必须要坚强。”

但是，如果你对自己没有自信，这句话反而会很扎心，甚至还因此徒增压力，想着自己都当妈了，不能再动不动就多愁善感了。

或许有些人本身并没有恶意，但就是爱多管闲事，说三道四。但是，正在烦恼的人自己心中的纠结和痛苦，他人是不会理解的。

如果孩子现在1岁了，那么妈妈在育儿这门课程上也才刚刚一年级。就算做得不够好，也是很正常的。

你不必像肝玉妈妈[1]那样坚强，也不必过于理想化，想着“我必须当个好妈妈”。我们只需要干脆利落地下个结论：“因为我没有经验嘛。”

生下孩子，每天喂孩子吃饭，给孩子洗澡，哄孩子睡觉，仅仅做到这些就已经足够优秀了，你应该好好夸夸自己。

此外，当你感到痛苦时，也不必压抑情绪，让人看到自己软弱的一面也没什么。

要是孩子现在1岁，妈妈也才刚刚一年级

① 《肝玉妈妈》是1968年TBS出品的电视剧，以一位坚韧刚强的妈妈为主角，大获好评。

和我想的
不太一样……

第 5 章

接受每个孩子原原本本的样子

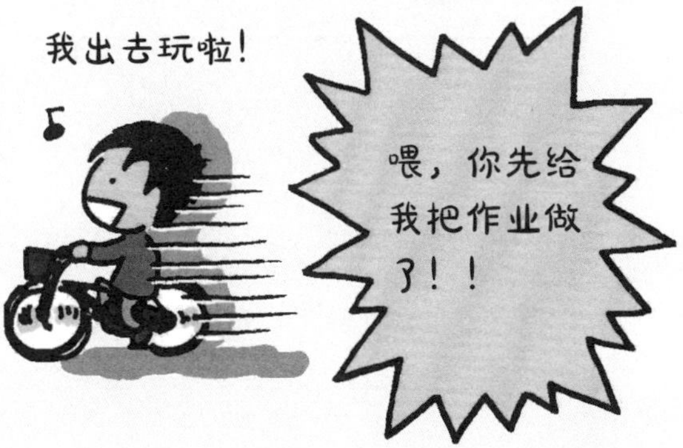
我出去玩啦!
喂，你先给我把作业做了!!

CASE

32

问孩子读了绘本后的感想，他总是答不出什么像样的内容

家长有时希望孩子遵从一定的标准，期待孩子说出“积极、正向”的答案。但是，让孩子自由联想、直率地表达观点同样是非常重要的。

如果强行让孩子说出取悦家长的标准答案，或是因为在意周围人的评价而让孩子说出言不由衷的话，这样会阻碍孩子自由联想，让孩子过分在意他人的目光和评价，养成无法说出真心话、给自己的感情盖上盖子的坏习惯。

要是觉得没意思，老老实实回答“没意思”就可以了。

写作文和画画时也是如此，如果命令孩子“喂喂，要写/画成这样才行”，那就只能得到陈词滥调的作文和毫无意趣的图画了。

当然，长大成人之后，孩子们有必要学会“处世之术”，比如被邀请吃饭，就算端上来的饭菜不合口味，也要说出“饭菜很好吃，感谢招待”这样的社交辞令。

但是，这些**社交辞令只要在成长过程中逐渐习得就可以了。不管怎么样，我们还是应该让孩子直率地表达自己的想法。**

敢于说出真心话非常重要

CASE

33

就算去了动物园，孩子也只会追着鸽子跑

好不容易带孩子去趟动物园，家长肯定会想着："希望孩子看到大象和长颈鹿能有所感触。"好不容易带孩子去趟水族馆，肯定会想着："希望孩子能对鱼类产生兴趣。"

可是，"希望孩子能对这些东西产生兴趣"这种想法，不过是家长的自私和任性罢了。

要是孩子去了动物园，最喜欢的还是游乐设施的区域，或者只对纪念品商店的扭蛋兴致勃勃；要是孩子去了水族馆，却对海豚表演、鲨鱼、鳐鱼什么的都没有兴趣，只是紧紧盯着不会动的贝类和小虾看……家长可能会觉得，难得带孩子来看动物，想要丰富孩子的体验，孩子却不领情，简直是白费功夫。

但是，既然孩子本人觉得玩得很尽兴，又有什么不好呢？

在幼儿园也是如此，在以"远足的回忆"为主题的绘画展示中，别家孩子画的都是狮子呀熊猫呀什么的，只有自家孩子画的是游戏角……

就算如此，也请不要批评孩子。**要是禁止孩子依从他们的兴趣，他们会成为死板而又缺乏想象力的大人的。**

孩子的乐趣不该由家长来决定

CASE

34

我总是忍不住紧盯孩子的缺点不放

只要改变看待事物的角度，不好的一面也可以像下面这样转化为好的一面：

静不下心，总是走来走去	→	**对各类事物抱有着旺盛的好奇心**
胡闹	→	**有幽默感**
吵吵闹闹	→	**精神很好**
内向	→	**善于观察**
磨磨蹭蹭	→	**谨慎**
任性	→	**有自己的主张**

就算是一眼看上去让人困扰的行为，随着孩子不断成长，也有可能转化为优点。像这样打破条条框框、改变自己看待事物角度的做法，在专用术语中被称为“解构”。

成为善于发现孩子优点的家长

短处就是长处

CASE

35

孩子没有值得表扬的地方

孩子在运动方面差那么一口气，学习成绩也毫不起眼。

你或许会觉得："我不知道到底该表扬自家孩子的哪里才好。"但是，这只能说明你不擅长发现别人的优点。说不定是你养成了只关注别人缺点的坏习惯，也可能妈妈自己从小就没有怎么得到过家长的表扬和认同。

无论是哪种情况，重要的都是要改变自己看待事物的角度。

例如，如果孩子在赛跑中跑得很慢，你不该说"你真是动作慢反应也慢啊"，而应该说："虽然可能跑不赢别人，但你每次都乐意参与其中，这样就已经很了不起了。"

如果孩子总是剩饭，你不该说"为什么你不全部吃掉！"，而应该说："你已经吃下这些了啊。"

只要改变看待事物的方法，孩子身上值得表扬的地方不是想要多少就能发现多少吗？

只要改变看待事物的角度，就能发现孩子的优点

CASE

36

是否应该根据孩子的性别改变教育方法？

书店里总是摆放着《男孩的养育方法》和《女孩的养育方法》之类按性别划分的育儿书籍。妈妈自己是女性，对男孩的特性不够了解，如果书里写着“男孩子就是会精神满满地到处乱动”，或者“你就把男孩子当作外星人就可以了”，妈妈就会心里松一口气。

但是，可能也会有人因为自家孩子和书里写的不完全一致而感到焦虑。

不管怎么说，无论孩子是男是女，首先都是一个活生生的人。我们不应该按照“男孩子就该在原野上奔跑”或“女孩子就该安安静静地玩毛绒玩具”这样的条条框框来束缚孩子。

也有男孩子会安安静静地玩毛绒玩具，也有女孩子会一分钟都闲不住地奔来跑去。我们应该认识到，这些说法充其量不过是男孩或女孩一般会有的倾向而已。

我们不应该戴上有色眼镜，而是应该尊重每个孩子的个性。

无论孩子是男是女，首先都是一个活生生的人

CASE

37

我应该如何应对孩子的第一反抗期？

大脑中有个叫作额叶前区的部位，负责“抑制欲望”。据说这一部位在3岁之前尚未发育完善，因此孩子只要一不如意就会乱发脾气。

这就是所谓“魔性的第一反抗期”的成因。这不是教育的问题，3岁以后就会自然好转。

从另一个角度来说，虽然在妈妈看来，这是孩子的反抗期，但在孩子眼中，不听自己话的妈妈也令人讨厌。所以首先，我们应该贴近孩子的情绪。比如，如果把孩子不喜欢的菜放在他面前，孩子会大叫：“我讨厌吃这个！”我们可能会忍不住想要批评孩子：“不要说这种话，给我乖乖吃掉！”事实上，孩子只是在向家长倾诉“不想吃”这一情绪。我们不妨表现出有些遗憾的样子，在句尾加上语气词，附和一声：“那你是不想吃吗？”

如此一来，孩子会觉得妈妈理解了他的心情，或许会想着：“那我就吃吃看吧。”这就是心理咨询师经常运用的“倾听”手法。

试着通过附和来贴近孩子的心情

CASE

38

我该如何根据孩子的年龄来对待他？

① “看不见，看不见，看见啦”是通过不断遮挡和露出自己的脸来逗婴儿笑的一种游戏。

根据孩子的年龄来对待他是非常重要的。

和婴儿玩“看不见，看不见，看见啦”的游戏，婴儿会很开心。但如果和4岁的孩子玩这个游戏又会如何呢？孩子肯定会在心里想：“别把我当傻子！”

面对4岁多的孩子，如果他乱丢毛绒玩具，就警告他“小熊说他好痛啊”，如果他乱丢绘本，就对他说“绘本会伤心的”，他又会怎么想呢？

孩子或许会觉得：“绘本又不是活物。别用这种说法了，不要把我当婴儿！”

这时候，我们应该更加简洁明了地告诉孩子：“绘本是用来读的，不是用来丢的。”

如果根据孩子的年龄来对待他，他自己也会产生相应的自觉，从而变得可靠起来。

请根据孩子的年龄来对待他

CASE

39

我对待大小两个孩子的方式不同，这样做要紧吗？

对于妈妈来说，抚养第一个孩子时，一切都是头一遭。因为没有经验，所以需要试错，可以说是在时刻不安中抚养孩子。

频繁测量孩子的体温，测量奶瓶里牛奶的温度，孩子一摸什么就用湿巾纸擦拭，真可谓是费尽心思在养育孩子。

但是，**随着逐渐习惯育儿这件事，我们就会从经验中学到，就算自己没有时时刻刻那么神经质，孩子也能茁壮成长。**此外，随着第二个、第三个孩子出生，家务和育儿变得更加繁忙，越是晚出生的孩子，我们在他身上花的功夫也就越少。

因此，根据孩子是独生子还是有兄弟姐妹，上面的孩子是男是女等不同的因素，养育方式自然会有所不同。而且，这不仅是家长的养育方式不同，有时也是每个孩子与生俱来的秉性不同所造成的。

虽然在兄弟姐妹之间作比较，或是只疼爱其中某一个确实不好，但是照料方法不同也是很自然的事情。

无论好坏，第一个孩子都是试验场

CASE 40

我总是会在意育儿书籍里写着的『平均数』

学生时代有考试的平均分数，长大成人后有平均收入、平均寿命，世间充斥着“平均”这个词。

因此，我们也会不自觉地在孩子身上追求所谓“平均”和“普通”。

但是，就像容貌和体格会有所差别一样，孩子的生长发育同样不一定按照平均值进行。要是家长过于在意平均，无视孩子的生长发育状况而强行施加教育，不仅孩子会有压力，家长自身也会感受到压力。

有孩子瘦小，就有孩子健壮；有孩子饭量小，就有孩子特别能吃。大家各不相同，这是很自然的事情。所谓平均寿命也是综合了年纪轻轻就过世的人和活了一百多岁的人的年龄之后得到的数字。说到孩子的成长，平均也不过是个大致的参考。人各有特征，这不过是取了中间数而已，并非世间所有孩子都能完全符合这一数字。

要是育儿时总是忍不住在意平均值，那么对于达不到平均的孩子来说，就好像在进行一场永无止境的马拉松，是非常吃力的。

归根结底，所谓平均值只不过是参考

CASE 41

我总是一不小心就把自己的孩子与别的孩子作比较

你是否一不当心就把自家孩子和他的兄弟姐妹或者朋友家的孩子进行比较，说着什么：“某某已经会写字了，为什么你还是写不来？”这种“比较病”真是有百害而无一利。

这是因为，比较只会让孩子失去自信，觉得自己是个什么都做不好的人。

有的孩子已经能用勺子吃饭了，自家孩子却还只会用手抓饭吃。要是一个劲儿地把自家的孩子和领先于他的孩子比较，那么就算孩子学会了用勺子吃饭，家长也只会更换比较对象，想着“某某已经学会用筷子了，我家的孩子还……”如此这般，便会烦恼不断。

不停地把孩子同别人比较，我们就会得出“我家孩子学什么都很慢”这一过低的评价。但如果回顾过去，以前孩子连自己吃饭都做不到，只会等着别人喂奶，现在却能自己主动吃饭了，仅仅这样就已经是可贵的成长了。

不要把孩子和别的孩子作比较，而应该把现在的他和一个月前的他作比较。你是否看到了他的成长呢？

不要以其他孩子为标尺，而应该比较孩子的过去和现在

CASE

42

自家孩子比别的孩子发育慢，我很担心

孩子的成长不过是橡子比身高——半斤八两。正所谓当局者迷，事后回顾当时的情景，我们只会觉得自己过于在意孩子的成长速度，简直如同傻子一般。

有些孩子九个月就会走路了，有些孩子一岁半才会走路，但这并不一定意味着今后运动能力上的差距。孩子开口说话的早晚也并不会带来今后学习能力上的差别。

如果我们一直将自家孩子和别家孩子的成长速度作比较，总是紧皱眉头，这样反而会对孩子造成不良影响。我们不应该时时被一些小小的问题折腾得团团转。

如果你真的担心孩子的发育情况，就应该拜访专业医生或者咨询机构。因为他们是这一领域的专家，给出的建议也远比其他妈妈的建议更科学。

根据结果不同，或许你会长舒一口气，也或许会消沉不已，但比起抑郁不欢、烦恼不止、虚度光阴，这样才能够明确下一步该怎么做，才能真正向前进。

如果你真的觉得担心，就应该去找专家咨询

CASE

43

孩子被老师指出了不足之处，非常消沉

就算是专业的保育员或者老师，也会有人一个劲儿地指出孩子做不到的事情，说："孩子还不会做这个，那里也还不行。"这就是只盯着别人错误看的"错误老师"。

要知道，很多时候，做不到的原因并不在孩子自身，而在于老师的指导方式。因此，家长不应该跟着一起在孩子的伤口上撒盐。

据说发明大王爱迪生儿时在学校是严重的问题儿童，曾被班主任痛骂"白痴"。要是自家孩子被老师指出了不足之处，多数家长会斥责孩子："你为什么做不到！"但是据说爱迪生的妈妈不仅没有批评爱迪生，反而抗议学校的做法，让孩子退了学。

多亏了这位母亲，爱迪生的好奇心才得以不断增强。此后，爱迪生有了很多发明，改变了人类的生活，这是大家都知道的事情。

如果自家孩子被老师指出了不足之处，先不要认定老师说的一定是对的，我们应该先听听孩子自己的说法。

家长是孩子最忠实的同盟军

CASE 44

把家长没能实现的梦想寄托在孩子身上可取吗？

① 这是歌舞伎演员常见的袭名，例如市川团五郎。歌舞伎有世传的传统，长子一般必须继承家业，从小接受严格训练。

“我的梦想是成为明星，我自己没能实现，因此一定要让女儿进军演艺界！”

“我自己没有学历也没有专业证书，因此想让儿子成为医生或者律师。”

我很能理解家长想要把自己没能实现的梦想寄托在孩子身上的这种心情。但是这样一来，孩子从一出生起就成为家长的所有物，无法自由成长。要是他们没能实现家长的期待，可能会因此否定自己，想着：“我已经没有自己的人生了。”甚至可能会发展出逃避现实或者家庭暴力等问题。

当然，为了开拓孩子的未来，我们会让孩子参加兴趣班，为未来发展打下基础，这是出于家长对孩子的爱。

但是，家长想让孩子成为钢琴家而让他学习钢琴，孩子却可能会说：“我想成为美容师。”家长想让孩子成为棒球选手而让他参加青少年棒球队，孩子却可能会说：“我想成为厨师。”就算孩子选择的道路不同于家长的期待，也请不要唉声叹气。**孩子有自己的人生。无论孩子选择了什么道路，我们都应该支持孩子，这才是身为父母应给予孩子的爱。**

无论什么时候，我们都该支持自己的孩子

哈哈哈哈哈哈
哈哈哈哈哈
这样啊……

第 6 章

所谓“教育”，就是当家长不在身边时，也要让孩子能够一个人生存下去

CASE

45

教育要从何时抓起？

理想状态下，教育应该从0岁抓起。

孩子生来就会吃奶，就有通过大哭来倾诉不快的本能，但怎样做是对的，怎样做是错的，如果我们不告诉孩子，他就不会明白。因此，家长在育儿时教授的内容就是“教养”。

要是看到孩子把腿放在桌子上，家长却想着“孩子太小了，就算说了他也不会明白”，于是就默许他的行为，等孩子3岁了，却因为“你要去幼儿园了”而突然禁止孩子这样做。这样一来，孩子就会感到困惑：“为什么至今为止都容许我这么做，现在却不行了？”**如果一开始纵容孩子，到了某一年龄又突然开始管束的话，孩子会无所适从。**

就算是婴儿爬上了桌子，我们也要对他说：“下来吧。”如果每次都让他下来，他就逐渐不会再去爬桌子了。

拖得越晚，教育就越吃力。因此，当你想到的时候就开始吧。

教育应该从孩子一出生抓起

CASE

46

孩子不会收拾东西，要怎么办才好？

所谓收拾，其实很简单，就是“把东西放回原处”。既然如此，为什么有那么多人不会收拾呢？

无论大人还是孩子，如果把穿了的衣服、用过的东西随手一放，家里不一会儿就乱七八糟了。严重的情况下，房间甚至会变成垃圾场。

怎么解决这个问题呢？首先，我们应该为每一样东西确定它的位置。比如，积木就要放进积木箱，毛绒玩具就要放进玩偶箱。要是箱子上什么都没写，孩子会难以理解，所以我们要在箱子上贴上该放在里面的东西的照片。

正所谓“百闻不如一见”，与其苦口婆心地一遍遍批评孩子“不要弄得乱七八糟！”“好好收拾！”，还不如简单地告诉孩子：“把东西放回贴着照片的地方。”

此外，有些急性子妈妈虽然嘴上命令着“给我去收拾！”，结果却想着“已经要到出门的时间了，还是我来收拾更快”，最后还是自己动手，这样的做法也是不好的。因为孩子会看穿：“就算我不收拾，最后妈妈也会帮我收拾的。”我们一定要让孩子本人来收拾。

用照片来标示每件东西的固定位置

CASE

47

孩子总是丢三落四，怎么做才能让他改正？

有些粗心大意的孩子不管被提醒多少遍，也还是会忘带东西。这种注意力不集中的毛病非常难纠正。就算受到老师的批评，孩子自己也反省，却依旧会再犯。要是被批评多了，孩子会觉得耳朵都磨出了老茧，批评也就不起作用了。

如果总是受到批评，孩子因此自暴自弃，认为“反正我就是那么没用”，那就麻烦了。应该避免让孩子因为经常忘带东西而全面否定自己。

在这种情况下，**我们不要强行改变孩子，而是试着改变环境。**可以把孩子出门要带的东西拍成照片，像海报一样贴在玄关。此外，也可以像在门口常备几把伞一样，同时常备一套体育课用的运动服。这样，孩子受到批评的次数会一下子减少。

有些老师会让注意力不集中的学生坐在窗边，批评他说：“不许东张西望！”与其如此，还不如让孩子坐在前排，这样孩子就没法分散注意力了，如此才是上策。

教育孩子时不应“强加于人”，而要根据每个孩子的特点来开展。

创造一个不容易忘带东西的环境

CASE

48

家长也说幼儿语好吗？

小孩子会把“饭”说成“饭饭”，把“鞋子”说成“鞋鞋”，把外面说成“外外”，非常可爱。但是，**如果大人也受到影响，学着孩子的样子说“吃饭饭吧”“穿鞋鞋吧”“去外外吧”，孩子就永远无法从幼儿语中毕业了。**

大人可以区别使用幼儿语和规范用语，但对于孩子来说，大人的语言就是示范。如果家长只和孩子说幼儿语，孩子就无法学会正确的表达。

就算孩子说了“去外外”，我们也应该回：“那我们就去外面吧。”就算孩子说了“吃饭饭”，我们也应该回：“那我们吃饭吧。”

不过，孩子自己说幼儿语是没问题的，因为孩子的舌头和牙齿还未发育成熟，无法做到吐字清晰。没有必要因为孩子说了“汪汪”，我们就非要纠正成“狗”。

明明迄今为止孩子都在使用幼儿语，就算有一天突然被家长说“你这样太不像样了，从今天开始不许你说幼儿语了”，孩子也还是无论如何都改不过来。但如果家长平时就一直使用规范用语，孩子就会在不知不觉中从幼儿语毕业了。

成人不该说幼儿语

CASE

49

我可以让孩子一直喊我『妈咪』吗？

某位年轻男性员工在向大家展示妈妈送给自己的领带时说：“这是妈咪送我的生日礼物。”大人像这样在外人面前喊“妈咪”“爸比”，不知道会不会有点儿难为情呢？

小孩子说“妈咪、爸比”是很正常的。但是，总有一天不得不让孩子改变称呼。**不妨在升入小学这个时间点，让孩子改称自己“妈妈、爸爸”吧。**

此外，当孩子升上小学五年级左右时，我们就要教育孩子，在外人面前提起自己的家人时，不应该说“妈妈、爸爸”，而是要用“家母、家父”等自谦的说法[1]。

如果不这么做，等孩子长大成人进入职场了，要是脱口而出“我家的令堂”“妈咪”等说法，会无地自容的。

根据年龄改变对家人的称呼

① 日本人向外人称呼自己的家人时有使用谦称的习惯，就算日常对话也是如此。

CASE

50

如何应对孩子不良的语言习惯？

孩子的语言是以家长平时说的话为蓝本的，正所谓“孩子是家长的一面镜子”。要是孩子的语言习惯不好，有可能是受到了家长的影响。

要是家长对自己的语言习惯没有自信怎么办呢……这时候，就要轮到绘本登场了。绘本中使用的语言都是规范的母语。

例如，在亲子日常对话中不怎么会用到“且说”这样的接续词、“优美”这样的形容词、“片刻”这样的副词，但在绘本中这些词倒是经常出现。

在动画、漫画衍生出的绘本里，有时也可能没有使用规范用语。与此相对，《狼和七只小山羊》《猴蟹大战》等故事是用自古流传至今的优美语言来讲述的，值得推荐。

此外，我也推荐阅读童话。例如读了《卖火柴的小女孩》之后，孩子就可能会在寒冷的冬日早晨说出：“要冻僵啦！”

规范的语言可以借助绘本来学习

CASE

51

就算我对孩子说『这样很危险，不要这样做』，孩子也不听

站在饭桌上真的是那么危险的事情吗？

以“这样很危险”为前提进行教育实在是有点儿说不通啊。

从礼仪角度来说，站在饭桌上是不被允许的。那么，不需要附加这样那样的理由，只需要直截了当地说“饭桌是吃饭的地方，不许爬上饭桌！”就可以了。

此外，如果孩子用手抓饭吃，就提醒他“你这样太不像样了，不许这样！”，或者“你这样很不礼貌，不许用手！”。有些孩子可能会想：“吃饭团和三明治的时候不就是直接用手抓着吃的嘛！”顺带一说，据说世界上有大约一半的国家有直接用手抓东西吃的习惯。每个国家都有自己不同的礼仪和文化。

从这层意义上来说，教育就是要教会孩子必须遵守的社会法则和本国文化，也就是所谓“入乡随俗”。**不行的事情就是不行，没有必要附加“这样很危险”“你这太不像样了”之类的理由。**

不行的事情就是不行

CASE

52

希望孩子可以『不要给别人添麻烦』

有些孩子其实很想得到别人的帮助，但是因为一直被家长教育“不能给别人添麻烦”，所以无论如何都无法发出求助信号。

敢于说出“我不知道”“我做不到”是很重要的，正所谓“求教乃一时之羞，不问乃永世之耻”。

要是孩子想着“真不好意思问这种内容啊”而不敢开口提问，老师就会误以为孩子全都懂了。结果，不理解的内容如同滚雪球一样累积起来，造成学习能力低下，这种事情也时有发生。也会有部分孩子习惯于给自己的心灵盖上盖子，哪怕遭遇校园霸凌，也不想让家长感到困扰，所以不向家长求助。

不要像张贴交通标语一样反反复复地说：“不要给人添麻烦。”**我们更应该教育孩子，人就是在相互依赖、相互帮助中生存下去的。**

实际上，人不可能不给任何人添麻烦就过完一生。而且，“是否给人添麻烦了”这一点也应该交由对方来判断。

人是在相互依赖中生存下去的

CASE

53

希望孩子可以『体谅别人』

有些妈妈一看到电车里有空位了，就赶紧喊：“你看，那边有个空位，你快去坐！”于是孩子就像玩抢椅子游戏那样麻利地坐了下来。

有些妈妈明明让孩子做着这种事情，却还指望孩子能体谅别人或温柔待人，实际上，这样的做法能让孩子学会体谅别人吗？这真是一边说着“你要温柔待人”，一边却让孩子做出截然不同的举动。

正所谓“门第高莫如教养好”，比起家世如何、孩子是否在条件优越的家庭成长，家长在抚养孩子时的态度会对孩子的人格形成带来更大的影响。

人可以化妆、穿名牌服装，只要花了钱，外表想怎样改变就能怎样改变，但长年累月的教养会在无意识中体现在日常行为中，成为影响一个人形象气质的更重要的因素。从突发的行为中，可以窥见一个人平时的教养。

如果希望“孩子能成长这样”，家长自己首先就要以身作则。**孩子不会成为家长所期待的那样，而是会成为家长自己所表现的那样。**

希望孩子如何，家长就该表现在自己的行为中

CASE 54

我教育孩子的标准和丈夫、婆婆不同

夫妇原本只是毫无关系的陌生人，婚后一起生活，自然会在一些琐碎的事情上产生分歧。要是婆婆也同住，矛盾或许就更加突出。

每个人教育孩子的方法自然有所不同。

有时，针对孩子挑食的问题，妈妈可能会说“全部吃掉”，而爸爸可能会说“不想吃可以不吃”，处理方式正好相反。

此外，有时奶奶一个劲儿地给孩子吃点心、买玩具，妈妈却为了这一点万分困扰。

家庭成员的主张不同，孩子便会陷入混乱。而且，因为孩子受到的教育缺乏一贯性，他就可能根据对方是“姑息之人”还是“严厉之人”见机行动，无法养成良好的习惯。

教育不是要让孩子服从自己，而是要让他严守礼节和规则。**我们应该召开家庭会议，为了孩子的将来考虑，确定孩子在家里必须遵守的规则。**

召开家庭会议来确定规则

抢

第 7 章

要想让孩子自己主动学习，平时要注意养成这些习惯

CASE 55

无论我怎么说，孩子都不愿意学习

孩子上小学后，家长最大的烦恼就是“无论我怎么说，孩子都不愿意学习”。如果只要教导孩子好好学习，孩子就能乖乖去学习的话，谁都不会那么辛苦了。

孩子为什么不去学习呢？原因非常简单，因为他们不想学习啊。**既然如此，只要将孩子向着想要学习的方向引导就可以了。也就是说，要激起孩子的求知欲。**

要是过分关心孩子，干涉他的生活，孩子的求知欲就只会减退。越是对孩子说“你要好好学习”，孩子就越是没有干劲儿。

就算命令孩子“你先把要做的事情做完了再去玩”，孩子也只会觉得“要做的事情=义务”，从而对学习产生负面的感觉。此外，就算我们鼓励孩子“只要去做就一定可以做到”，也可以理解为指责孩子现在没有好好努力。

我们可以试着对孩子说：“你能帮我查查今年夏天要去旅游的地方的景点和特产吗？”将这件事情完全交由孩子去做。就算孩子对坐在桌前学习毫无兴趣，但在翻阅地图的时候，他也可能会有诸多发现，产生想要了解更多知识的兴趣。

就算你能把马带到水边，也没办法逼它喝水

CASE

56

我总是焦躁不安，说出：『为什么你连这种简单的事情都做不到？』

有些妈妈是职业女性，在工作上很麻利，也得到了相应的评价。但是和自己的工作不同，育儿方面却没有那么顺利。

育儿无法按照自己的节奏运作。明明再过一小会儿就能把饭做好了，可是孩子缠着自己不放，就只好先把手头做饭的事情放下来。

此外，也有性急的妈妈，看到孩子穿衣服鞋子时磨磨蹭蹭，就想着“还是我给孩子穿更快”，一不小心就自己动手帮忙了。

但是，如果一直这样做的话，孩子就会认为“反正最后妈妈都会帮我做的”，更加不愿意自己动手，从而陷入恶性循环。

老师也是如此，要是学历过高、头脑过好，就有可能不明白学生为什么做不到。家长同理，有时会觉得明明自己能够手脚麻利地做成的事情，“为什么孩子连这种简单的事情都做不到呢？”

为了让孩子能自己行动，家长必须使劲忍耐；“等待”也是修行的一部分。

事事擅长的人无法理解做不到的人的心情

CASE

57

每天都读一样的绘本，我已经厌烦了

孩子不仅会每天都拿着同一本自己喜欢的绘本来找我们，甚至会在刚刚读完一遍的瞬间就说："再读一遍给我听！"另一方面，大人却会为了反复读同一本书而感到痛苦。

但是，孩子就是通过让人反复读同一篇文章给他听，从而记住里面的表达并增加词汇量的。在一遍又一遍给孩子朗读的过程中，孩子会连每一个助词、每一个介词都记得清清楚楚，要是大人稍微读错了一点儿，他就会立刻向大人指出："你读错了！"

《木工和鬼六》中有那么一句话："突然，巨大的鬼从河底出现了。"要是孩子让家长反复给自己念这个故事，某一天他就可能会突然说出："从幼儿园回来的路上，有条巨大的狗突然从路旁出现，吓了我一大跳。"

孩子学走路时总是先扶着东西走，站起来又摔倒，摔倒又站起来……但是，没有孩子会因此而放弃，想着："啊，我已经对练习走路厌烦了，还是算了吧。"**读绘本也同样如此。就算孩子总是拿着同一本绘本来找家长，也请您为了增加孩子的词汇量，奉陪到底吧。**

反复念同一本绘本也是有意义的

CASE

58

孩子怎么都记不住字的写法

无论家长多么努力地想要教会孩子写字，但假如孩子自己没有兴趣，就怎么也学不会。如果孩子没有兴趣，就算把写着“あ、い、う、え、お、か、き、く、け、こ”的平假名表给他，让他照着写，他也怎么都不会愿意去记的。

要是孩子喜欢动物，可以采用“□さぎ（兔子）”“□し（牛）”这样填空的形式。如此一来，孩子就能开开心心记下“う”这个假名了。

教孩子片假名的时候，如果孩子沉迷动画，也可以从皮卡丘（ピカチュウ）、蜡笔小新（クレヨンしんちゃん）、面包人（アンパンマン）等孩子喜欢的卡通角色入手。如果孩子喜欢恐龙，也可以让他学写霸王龙（ティラノサウルス）等恐龙的名字。

对于讨厌汉字的小学生也是如此。如果孩子喜欢电车，比起让他直接写“山”“田”这些汉字，不如让他填写“（山）手线”、“（田）园都市线”这些电车的名字。

产生兴趣的关键在于合适的契机，我们应该从如何打开孩子的干劲儿开关这一点入手。

寻找孩子的“干劲儿开关”

CASE

59

孩子数学不好，希望他能多多努力

谁都不愿意做自己不擅长的事情。为了让孩子克服弱点，我们反而应该发展他的强项。这是因为，这样做会让孩子产生自信，也就会产生动力去挑战自己不擅长的事情。

假设有个孩子擅长做数学考试中的计算题，却不擅长做应用题。如果我们对他说“你已经会做计算题了，可以不用做了！给我做应用题的练习！”，然后给他布置堆成山一样的应用题，结果会如何呢？想来孩子肯定是鼓不起干劲儿的吧。

正所谓“爱好生巧匠”，要是在计算题中取得好成绩，他就会产生自信。凭着这个劲头，不知何时他就可能会埋头去做应用题。

有一个词叫作“泛化作用”，指的是如果集中提升某一领域的能力，别的能力也会得到活化，进而增强。有人把这一现象比作手帕，即把手帕的正中间提起来，没有用手直接触碰的四周也会被一起提起来。**通过强化孩子擅长的事情，可以增强他的自信，克服他的弱点。**

强化孩子擅长的事情

CASE 60

是限制孩子打游戏的时间好？还是干脆不让孩子打游戏好？

要是毫无节制地放纵孩子打游戏，孩子可能会不吃不喝，甚至不惜牺牲睡眠时间，过上一切以游戏为先的生活，或是对游戏产生严重依赖。因此，家长的干涉是很有必要的。

我们可以定下规矩，规定一天只能玩一小时游戏。如果还想玩，就把明天的时间提前到今天来，但明天就不能玩游戏了。

这样一来，孩子从小就能学会管理自己的时间。

周围的朋友开始拥有游戏机了，孩子当然会想着："我也想打游戏。"这种时候，如果因为担心影响学习就禁止孩子打游戏、看电视，那么就像因为可能导致蛀牙就禁止孩子吃任何甜食。这样走极端，是在剥夺孩子正常的需求。孩子可能会贪食朋友家端上来的点心，也可能在进入青春期后沉迷于满足过去未能被满足的需求。

无论什么事情都要注意尺度。过于追求家长设定的理想标准，孩子的快乐和愉悦便可能会减少，反而造成不良的影响。

不要过分禁止孩子的正常需求

CASE

61

孩子就知道看漫画和游戏攻略

无论是漫画还是游戏攻略书，姑且都算印刷品，还是允许孩子读吧。比起看网络视频或者电视节目，这多多少少还算好的，毕竟这些书上还是写了不少字的。

看电视或视频的时候，不用我们上下左右移动视线，画面就会自己动起来。就算我们不去想象场景，不去开动脑筋，信息也会源源不断进入脑海之中。此外，据说沉迷看电视的孩子眼部肌肉不够发达，仅仅盯着文字就会败给困意。

与此相对，**看印刷品的时候，我们必须自己移动视线，自己思考问题，因此能够培养想象力和思考能力。**因此，虽然家长可能会有所不满，但无论是读漫画还是读攻略书，都属于阅读印刷品的行为，这样也就足够了。

如果平时也不念书给孩子听，却只是因为腰封上写着“推荐图书”几个字，就强硬地对孩子说“这是名作，你给我好好读”，反而会产生相反的效果。我们应该从孩子感兴趣的内容着手。

首先要培养孩子亲近书本（印刷品）的习惯

CASE

62

我教不来孩子功课

俗话说，“授人以鱼不如授人以渔”。说到学习，也并不是要告诉孩子答案，而是要传授学习的方法。

孩子总有一天要长大成人离开家长。家长不可能永远陪在孩子身边，不停指导孩子这个那个的。

因此，从小就应该逐步培养孩子主动调查、主动学习的习惯，这将成为孩子一生的财富。

例如，当孩子问“迪士尼乐园在哪里”的时候，如果我们立刻就回答“在千叶县”，一切就到此为止了。如果我们对孩子说“在哪里呢？不如我们来翻翻地图吧”，孩子就能学会如何看地图。

就算家长自己的知识储备不够，只要教会孩子如何查阅字典等资料，告诉他“你查这个就能明白了”，这样就足够了。只要孩子的求知欲不断膨胀，那么不用家长唠唠叨叨地督促孩子去学习，孩子也会自然而然主动学习了。

授人以鱼不如授人以渔

CASE

63

兴趣班可以按照家长的意愿来选择吗？

无意中听说其他妈妈让孩子开始学英语或者游泳了，我们可能会感到焦虑，想着：“我也得快点儿让孩子开始学啊。”这是因为产生了一种被甩在后面的感觉。

但是，如果孩子明明没有兴趣还非要让他学，那他是怎么也学不会的。投资进去的入会费、课程费就像是妈妈支付的安心费一样。更有甚者，要是朋友没过多久退会了，自己也就跟着退会了。孩子就是这样摇摆不定。

俗话说“和而不同”。也就是说，要不与人争，与人和睦相处，但又要坚持自己的意见，不要随波逐流。**让孩子上兴趣班不应该出于“朋友也在上”这一理由，而是应该根据孩子自己是否有这个意愿来决定。**

如果孩子因为“某某也在上，所以我也想学一学”而主动提出去上兴趣班，那么以此作为开始的契机也未尝不可。

但是，如果朋友一不去，孩子就央求说“我也不想去了”，就说明孩子对这个兴趣班的热情也就到此为止了，让他退出也未尝不可。

决定兴趣班的标准应该在于孩子自己的兴趣

妈妈自己做的纸鹤也不成样子
皱皱巴巴
……这就是所谓遗传……？
啦啦啦

第 8 章

既不过度保护，也不弃之不顾，这样才是“刚刚好”的育儿法

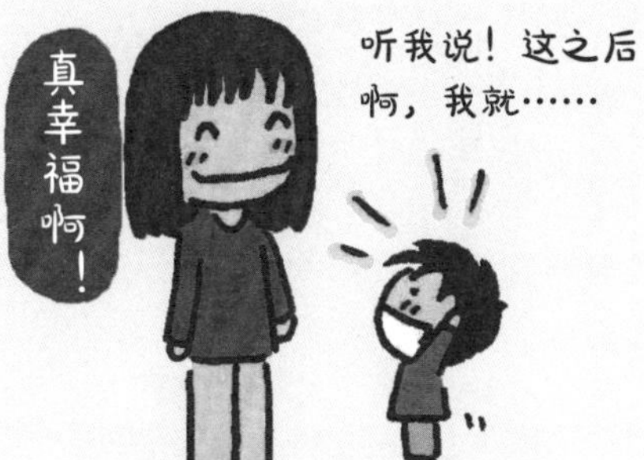
真幸福啊！
听我说！这之后啊，我就……

CASE

64

我总是想着『这是为了孩子好』，一不当心就保护过度了

有些妈妈会认为公园里的游乐设施很危险，所以不让孩子去玩。

有可能让孩子受伤的设施确实有必要禁止，但是连没有危险的设施也不让孩子玩，实在是有点儿过分了。

孩子有过摔疼的经历，才会想着“从今往后我要当心”。

有些小学生一把铅笔盒忘在家里，家长就会马上给他送到学校去。但是，不给孩子送去也有好处，孩子以后会注意不要再忘带东西，或是学会向周围求助，开口说：“我忘带铅笔了，能借我一下吗？”

所谓教育，指的是总有一天孩子要和家长告别，为了那一天做准备，就要培养孩子独自一人开拓人生的能力。有时，默默在旁守护孩子也是一种爱。

如果成了像直升机一样盘旋在孩子上空的“直升机家长”，或是扫雪车那样清除障碍的“扫雪车家长”，反而会阻碍孩子走向独立。

家长的“为你好”对孩子来说不一定真的意味着“为他好”

CASE

65

知道孩子要失败了，我总是会忍不住开口

有些妈妈会说“我是为了你好才这么说的”“你按妈妈说的去做就不会犯错了！”，总是拦着孩子做自己想做的事情。她们也会因为孩子的失败而责备他：“我不是提醒过你的嘛。”

说这些话时，家长总是觉得自己是为了孩子好。但是，说是“为了孩子好”，实际上是否是为了家长自己好呢？

自称“为了孩子好”，却阻止孩子走他想要选择的道路，这就是所谓“家长的自私”。这可能会让孩子成为看家长脸色行事的怯懦之人。

就算是一眼看上去没有意义、白费力气、绕了远路的事情，也请让孩子一件件去尝试。

虽然不想让孩子失败、不想让孩子难过是出于家长对孩子的爱，但**有时，孩子也可以从摔倒后努力爬起来这一过程中得到很多经验。**

允许孩子用自己的力量去行走，不断积累生活经验，这也同样是家长对孩子的爱。

说是“为了孩子好”，实际上是否是“为了自己好”呢？

CASE
66

我一不小心就过于照顾孩子了

就算什么都不嘱咐，有些妻子看到丈夫疲惫的表情就主动端出茶来；丈夫去泡澡了，就在更衣室准备好睡衣。对于丈夫来说，这当然称得上周全体贴，但是如果这样对待孩子的话，就可能使得孩子不愿自己动手。

当孩子学会说话之后，就算注意到孩子口渴了，也请让他自己说出“我想喝水”。

有些小学生会向班主任求助：“老师、尿尿！”“老师，铅笔！”这是因为他无法完整地说出“老师，我想去厕所”“我忘带铅笔了，能借我一下吗？”，无法清楚地表达自己的需求。恐怕这种孩子从小的生活环境就是只要自己一说“妈妈，水”，妈妈就会迅速端出水来。

有些妈妈观察很敏锐，总是过分照顾周围的人，这种妈妈可能会有所不满，认为：“为什么我家孩子和我完全不同，总是不肯自己动手呢？”但是，这**背后的原因说不定就在于家长自己太照顾孩子了。**

在家庭中，应该当个“贤妻恶母”

CASE

67

一问孩子『你洗手了吗？』『你做作业了吗？』，孩子就会反感

要是刚一回到家就被提醒“你洗手了吗？”，或者刚要做作业就被问“你做作业了没？”，就算是孩子，也会觉得不开心的。

这是因为，你从一开始就在怀疑：“你大概还没做吧？”

此外，也有人总是瞬间就回别人的话：“骗人的吧？”“真的假的？”“这不会是真的吧？”这也是不好的口头禅。

比如，孩子挑食很严重，有一天他对妈妈说：“今天我把学校的饭全都吃完了，得到了老师的表扬。”妈妈明明很高兴，却一不小心反问了一句：“真的假的？”

这当然不是在怀疑孩子，可孩子却会感到：“妈妈大概是觉得我在骗人吧。”而且，孩子可能也会在不知不觉中学着家长开始使用“真的假的？”“骗人的吧？”这类说法。

“真的假的？”“骗人的吧？”这样的说法中包含着感叹的语气，但是孩子是无法理解的。我们应该直截了当地表扬孩子：“全部吃完了啊，你可真了不起！妈妈真为你高兴！”

我们不应该使用会让孩子误解的说法

CASE

68

就算提醒孩子要和小伙伴好好相处，也完全没用

在吵起来之前提醒孩子“你要好好和他们相处”，这和在摔倒之前提醒他“你可别摔倒了”没什么区别。这种丑话说在前面的做法还是免了吧。

当然，“好好和大家相处”这句话听上去很悦耳。要是和任何人都好好相处，那是最好不过了，但现实并没有那么顺利。

就算是孩子，也可能有怎么都无法相处的人。要想成为和谁都合得来、被所有人都喜爱的八面玲珑的人，或许需要抹杀自己的部分个性。

就算是大人，面对价值观不同的人，也应该保持一定的距离，维护自己的精神安宁。

而且，如果孩子们把玩具抢来抢去……**争吵同样是一次好机会，可以让孩子积累与人冲突的经验。**通过争吵，孩子之间会互相交涉，决定“我再玩一次就借你”，从而掌握与人沟通和集体生活的能力。

要是家长总是把丑话说在前面，或许会剥夺孩子难得的学习机会。

“好好和大家相处”不过是场面话

CASE

69

兄弟姐妹之间总是争吵不断，要怎么办才好？

兄弟姐妹之间的争吵本不是坏事。通过这样表达自己的主张、互相碰撞，他们实际上在进行着“为了构筑人际关系所需的训练”。要是争吵越来越激烈，家长当然有必要介入，但某种程度上我们还是应该视若无睹。

吵架时，人总是觉得：“我没有做错什么，是对方不好。”此时，家长不该命令“你是哥哥，就让让弟弟吧”，也不该轻易下判断，认为在哭的就是受委屈的一方，让对方哭了的就是霸道的一方。

有时，要是维护了其中一方，孩子就会觉得妈妈偏心，争吵反而可能激化。**我们应该倾听双方的说法。**这样，孩子就会觉得妈妈理解他的心情。之后，双方自然就能和好了。

在孩子和别家孩子吵架时，如果我们优先考虑大人之间的人际关系，一味地说“你说对不起了吗！”“你说没关系了吗！”，强行要求自己的孩子道歉，容易让孩子以后不顾自己的心情，一味迁就他人。

不要轻易以自己的看法下结论

CASE

70

弟弟妹妹出生后，大娃就仿佛回到婴儿时期一般，实在令人困扰

弟弟妹妹出生时，大娃有几天暂时见不到妈妈，十分寂寞。去医院看望妈妈时，自己最喜欢的妈妈手中抱着的却是天使一般的婴儿。大娃当然会觉得“自己的位置被抢走了，竞争对手登场了”。

以这一天为界，爷爷奶奶谈论的也总是小婴儿的话题。婴儿一笑，大人们就直夸：“真可爱啊。”婴儿一把脖子竖稳，大人们就直夸：“真了不起，真了不起。”看到大人这样，大娃会觉得明明至今为止“自己才是主角”，并不会觉得开心，反而觉得失落。孩子完全不会想起，他也曾被这样众星捧月过。

为了引起家长的注意，大娃仿佛回到了婴儿时期，会想要用奶瓶喝奶，或者故意尿床。这时，要是我们批评孩子“你明明是哥哥/姐姐，怎么可以这样”，孩子就更伤心了。

“回到婴儿时期”是孩子寂寞的表现。我们可以在弟弟妹妹睡着的时候，为大娃单独留出一段时间，抱抱他，让他安下心来，告诉他：“妈妈是很在乎你的。”

孩子“回到婴儿时期”是在倾诉寂寞的心情

CASE

71

在学校的汇报演出中，儿子没被选为主角，非常懊恼

在一年一度的汇报演出中，要是自家的孩子能被选为主角，家长肯定会感到非常开心。无论哪位家长，都会希望自家的孩子能够扮演白雪公主或者桃太郎。

要是自家孩子被选为扮演骗白雪公主吃毒苹果的巫婆，或是被安排扮演恶鬼，家长就会为此感到失落。此外，要是自家孩子扮演的是森林里的树或者类似岩石那样站着不动的角色，家长也会觉得非常遗憾。但是，如果大家都是男主角、女主角，这出戏就演不下去了。正因为有那么多配角，才构成了一出完整的戏剧。

此外，老师也有老师的立场，在分配角色的时候有很多考虑，例如会让没有定性的孩子扮演小鸟，这样就算他在舞台上到处乱动也不会显得奇怪。

无论哪位家长，都会觉得自家孩子才是最可爱的，甚至有人会因为毕业相册里每个孩子的照片数量有微小的差别而投诉。如果家长一直这么做，孩子就可能成为一个以自我为中心的人，缺乏社会协调性，无法忍受自己不是最受瞩目的那一个。

没能扮演自己想要扮演的角色这一挫折，也是漫长人生中必要的经验。

每个人的角色都很重要

CASE

72

如何察觉校园霸凌问题？

孩子的身体状况只有家长最清楚，受到校园霸凌的信号也是如此。

（1）随身物品被乱涂乱画；

（2）随身物品丢失；

（3）小伤不断；

（4）明明此前总是会把幼儿园或学校里发生的事情告诉家长，现在话却突然变少了；

（5）明明没有感冒，却没有胃口；

（6）情绪激动，难以入睡；

（7）不想去幼儿园或学校。

虽然也有杞人忧天的时候，但我们不应该执着于“不想被人觉得自己是小题大做的家长”，**要是觉得“哪里不对劲”，就要去幼儿园或者学校和老师商量。**

要是觉得“哪里不对劲”，那或许就是校园霸凌的信号

CASE

73

『我的生存价值完全在于育儿。』

有时我们会觉得育儿很辛苦，毕竟这是一份24小时营业、全年无休的工作。

我们明明曾经如此迫切地想要成为母亲，但现实又是如此艰辛而痛苦，我们的内心可能会遭受挫折，想着：“我把想做的工作也辞了，一心一意地育儿，可是为什么……”

与此相反，**也有妈妈认为“照料孩子=自己的存在价值”，为了自家孩子的成长而感到落寞，陷入了“空巢综合征”**。这种情况下，部分妈妈会在心中想：“要是孩子还是时时刻刻需要人照料的婴儿就好了。”因此就算孩子想要自己动手，妈妈也会抢先一步，对孩子过度保护、过度干涉。孩子也可能会认为让家长费心才是自己的存在价值。

这就是所谓的“亲子依存症（母子胶囊）”。与此类似，有些妻子为了酒精依赖症的丈夫深感困扰，虽然觉得这样做不好，但依旧把照顾丈夫当作自己的存在价值，甚至为了不让丈夫痊愈，无意识中继续让丈夫喝酒。

“母子胶囊”非常危险，请不要把育儿当作自己唯一的存在价值

CASE

74

总是一不当心就期待过高

怀孕的时候，任凭谁都会想："只要孩子发育健全就好，无论是男是女，只要孩子健健康康就好。"

但是没过几年，人的欲望就会越来越多，想着"希望孩子能早点儿不用穿尿布""要是孩子能多学会几句话就好了""希望孩子能和某某一样聪明""希望孩子能早点儿会写字"……

但是，我们不应该一味索求，总是把目光投向孩子的不足，而是要珍惜自己现在所拥有的宝物。

正好比遭遇了灾难才会意识到平凡的每一天是多么幸福，得了病才明白健康的可贵。虽然这么说不太吉利，但要是孩子被人拐跑了，我们不也会觉得"只要孩子能活着回来，什么都无所谓"吗？

我们可以翻一翻孩子出生时的相册，回想一下生孩子时的心情。

请将目光投向自己现在拥有的幸福

后记

“粗放式”妈妈的定义

这30多年来，通过幼儿教育这份工作，我有机会与大量孩子和他们的家长接触。其中，我也注意到了不少妈妈会将自己的理想强加于孩子，想着“必须这样”“不得不那样”，结果却适得其反。

希望花开似锦，结果浇水过多，花朵反而烂根枯萎。在育儿中，也有人投入过多的心血，反而毁了自己的孩子。

有些妈妈追求完美的育儿，想着“必须让孩子到哪儿都不会丢脸”“不能让孩子给别人添麻烦”，因此觉得自己也必须当个完美的妈妈，结果不仅是孩子，连自己也痛苦万分。我想告诉这些人，“粗放式”育儿很重要。

“粗放”可能会让人想起“敷衍”和“草率”，但本书中提到的“粗放”一词正如同序言中所说的那样，取的是“适度”这层意思。

那么，我们到底要怎么做才能成为这样不多不少刚刚好的“粗放式”妈妈呢？所谓“粗放式”妈妈，指的是下面这种人：

❶ 降低期待

要是期待过高，把难度拔得过高，孩子和家长都会很吃力。

❷ 不作比较

不拿自家孩子和周围的孩子或者兄弟姐妹作比较，而是比较孩子的过去和现在，关注孩子的进步。

❸ 接受孩子原原本本的样子

就算孩子不够优秀，就算孩子有些任性，也要接受他原本的样子。就算与全世界为敌，也要支持自己的孩子。

如果育儿也有成功和失败之分的话……

育儿成功与否，最终或许应该取决于孩子“是否喜欢自己，是否形成了自尊”。

要是家长只顾追求自己的理想，一个劲儿把孩子向前拽、往前赶，想着我家的孩子这里还不行，什么都不会，孩子就会觉得“反正我就是那么差劲……”，从而无法真正接纳自己、喜欢自己，也无法享受人生。

“粗放式”妈妈与此相反。**“粗放式”育儿要求家长不把自己的价值观强加于孩子，也不要为了孩子没有的东西唉声叹气，而是接**

受孩子原原本本的样子。（详细内容请参照前作《粗放式妈妈的谏言》）

孩子被这样抚养长大，长大成人后就能做到不嫉妒他人，而是坚信："我就是我自己，只要活着就是幸福。"

这样的人无论在人生中遇到怎样的障碍，都能拥有克服困难的力量。

要是我们都能成为这样一名"粗放式"妈妈，孩子和家长都能得到幸福。

立石美津子